거룩한 바보

문학의전당 · 시인선 92
거룩한 바보

초판인쇄 2010년 6월 20일
초판발행 2010년 6월 26일

지 은 이 김정원
펴 낸 이 김충규
펴 낸 곳 **문학의전당**
출판등록 제387-2003-00048호(2003년 9월 8일)

주 소 121-718 서울특별시 마포구 공덕2동 404번지 풍림VIP빌딩 202호
전화번호 02-852-1977
팩시밀리 02-852-1978
블 로 그 http://blog.naver.com/mhjd2003
전자우편 mhjd2003@naver.com

I S B N 978-89-93481-58-7 03810

거룩한 바보

김정원 시집

문학의전당

自序

문명과 자연이 정면으로 충돌했다. 풍요롭고 푸른 지구호에 구멍이 뚫려 물이 새들어오기 시작한 지 오래됐다. 水葬이 코앞에 닥쳤건만 아직도 어리석음을 버리지 못했다.

경제와 군사 대국의 앞자리 서로 차지하기 위해 미친 듯이 생태계를 남획하고 인류애에 작살을 꽂는, 스스로 삼가지도 않고 하늘이 통제할 수도 없는, 유일한 포식자들의 배가 거의 잠겼다.

타인을 밀어내고 끝없이 나 자신을 넓혀가는 구멍을, 안간힘으로 틀어막는 중과부적의 거룩한 바보들이, 자전거 타고 논길을 달린다.

차례

2부

3부

4부

1부

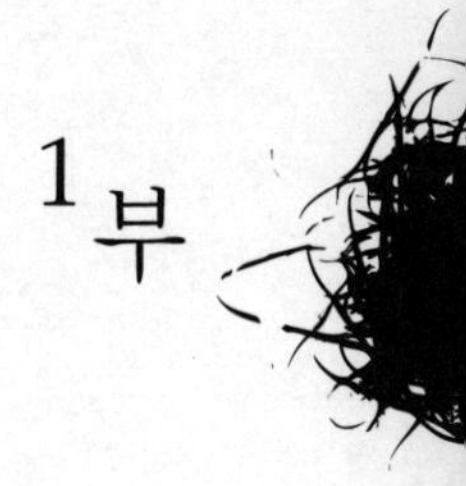

연

수렁 속에서도 혼신으로
별을 바라보는 자, 밤 건너
꽃을 피운다

호명

휘휘한 담양 들길을 걷는다
낡은 모자 눌러쓰고 외투 깃 세우고
겨울잠의 문지방에 들어서는
빈들의 혈관을 하염없이 걷는다
모든 혈관이 몸을 던지고
노을이 피 흘리는 영산강에서
돌아가는 시인처럼
마른 갈잎에도 머뭇머뭇
웬 뜨거운 이슬인가
강 너머 망월동도 젖는구나
저물녘 물 따라 굽이쳐 흘러가면
마음의 급류를 거슬러 오르는 사람들,
내게서 훌쩍 떠난 그 아득한
사람들을 소리 없이 부르는
한 걸음, 두 걸음, 세 걸음, 걸음마다
일렁이는 슬픔들

위로,
끼이끼이 외기러기 날아간다

긍휼

우리 마을에 구제역이 돌았다
군청 직원들이 절뚝거리는 소들을 동구 밖에서 트럭에 싣고 있었다, 몰강스럽게 매몰 처분하여
다른 지역으로 전염하는 것을 미리 막기 위해서였다
차에 오르지 않으려고 안간힘으로 버티는
소의 고삐, 마구 잡아당기고 엉덩이 드세게 떠밀어대는 군청 직원들에게 용택이 아재가 간청했다
"하루만 말미를 달랑께요."
군청 직원들이 왜 그러냐고 따져 묻자
소의 눈물 속에 얼비친 글썽이는 목소리가 대답했다
"우리 소는 잘 멕이지도 못하고 맨날 부려먹기만 해서 부지깽이맹키로 삐쩍 말랐지라우. 단 하루라도 편히 배불리 멕이고 싶어서 그란당께요. 엊그제 난 저 송아치는, 또, 무신 죄가 있다고……."
이드거니 눈시울 붉어진
군청 직원들이 짐짓 직무를 유기했다

숲

가지가지 나무들이 한데 어울린
동네에

큰 나무는 작은 나무 업신여기지 않고
작은 나무는 큰 나무 부러워하지 않으며
스스로 제자리에 서서 생긴 대로 사는
나무는

혼자 그리고 다같이
바람에 흔들리고
비에 젖고
폭설의 무게 견디는
나무는

이미 가진 가지는 삭정이로 뚝뚝 꺾어버리고
시퍼런 이파리는 낙엽으로 우수수 떨어뜨려
자기 해체와 재생을 거듭하는
나무는

꽃 피우고

싹 틔우고
무성히 자라서
열매 맺고
빈손으로 잠들고
……
동그랗게 순환하는 기쁨 충만히 누리는

그 동네에는
어둠이 없다

밤낮없이
가난한 사람들을 돕는 게 아니라
가난한 사람들과 함께 있는
새들이 노래의 등불 경쾌하게
밝히기 때문이다

하지 무렵

뻐꾹뻐꾹 뻐꾸기 울음소리 풍기는
대나무 숲으로 둘러싸인
꼬막만 한 마을, 개울 건너
밭에서 감자를 캔다

두둑 암탉이 고랑 둥지에 낳은
달걀, 오진 햇감자가
방금 목욕한 처녀 알몸같이
뽀얗고 요염하다

날 저물기 전에 어서,
첫선 본 햇빛이 마냥 부끄러운 감자들
삼태기에 모아 다섯 가마니 아구까지 가득 채우고
철퍼덕 흙바닥에 앉는다

수많은 은비늘이 반짝반짝 빛나는 강물을
넋 놓고 바라보고 있을 때
누군가 기척 없이 다가와
웃통 벗은 내 등에 흐르는 비지땀 핥아댄다

조심히
고개 돌려보니
곰살궂은 우리 암소,
순둥이다

얼른 일어나 흰 수건으로, 품앗이하듯,
그녀의 매끈한 몸에 흥건한 땀방울 정성껏 닦아주고
우리는 블랙홀 같은 연인의 시선으로
서로 눈 맞추고 오래 서있다

그녀의 눈 안에 빨려들어 간 나를,
내 눈 안에 빨려들어 온 그녀를 질투하여
마지막 강렬한 빛창을 던지던 석양도
도리 없이 스러지고

소쩍소쩍 소쩍새 울음소리 퍼지는
대나무 숲으로 둘러싸인,
나직한 워낭소리에 붉게 물드는 고즈넉한 마을 향해
우리는 수레를 끌고 뚜벅뚜벅 걸어간다

대설 경보

소한이 내일모레
연사흘 함박눈이 줄기차게 쏟아진다
경계 없는 길은
허벅지까지 푹푹 빠지고
눈부신 평야는
소금 수북이 쌓인 염전이다

하얗게 질린
볏 세운 산새들이
오죽 배가 고팠으면 무작정
사람의 마을까지 날아와
무안장도 아닌 뜨락 배롱나무 가지에서
짹짹짹짹, 품바타령 할까

옛날 옛날
아주 먼 옛날
오늘같이 가난한 날
살아계실 제
어머니가 하신 대로
나도 따라한다

어린 아들과 마당 한구석의 눈 치운 뒤
반닫이 안에서 찾아낸
무명 손수건 펼치고 그 위에
조와 보리쌀 세 주먹 흩뿌려 놓고
큰방에 들어가 장지문 구멍으로 밖을
숨죽여 내다본다

산새 가족
포롱포롱 허공의 계단 내려와 날개 접고
이드거니 쪼아대더니
이윽고 통통 강시춤 추며
"고맙습니다." "고맙습니다."
작별 인사하듯, 짹짹짹짹

나는 어버이 마음으로
저 작은 귀염둥이들에게 화답한다
춥고 눈 내리는 날이면,
서럽고 배고픈 날이면 언제든지
"서슴없이 찾아오세요."
"네 집처럼 드나드세요."

떠오르다

마당, 처마, 부엌, 안방, 광, 장독대……
눈길 닿는 곳마다 거미줄이고
거미줄마다 먼지 포식하고 오지게 살찐
옛집을 찾아왔다
낯익은 체취가 곰삭아든
마루에 혼자 청승맞게 걸터앉아 두리번거리니
이 집의 마지막 주인처럼
벽시계는 다섯 시 팔 분에 손발이 마비되었고
달력은 이천팔 년 팔월을 넘기지 못했다
살아있는 것은 마당에 오직
흰 면사포 들쓰고 시집가는 민들레 씨앗과
먼 나라에서 한 해만에 돌아오는 장미꽃뿐인 듯,
햇살 빽빽한 적막의 밀림 한가운데서 녹슨 기억을
부화하는 빨간 달걀꼴 그 꽃봉오리 속에서
얼핏 떠오른 시골 아이가
세월에 등 떠밀려 찾아간 강가에
우두커니 쪼그려 앉아서 내려다보면
물의 살갗은 송홧가루로 어색하게 화장한
노파 얼굴, 저 구불구불 살아온 수면 아래서
머리 희끗희끗한 한 사내 얼굴이 떠오른다

껄끄러운 인기척 금방 알아채고
풀물로 등 푸르게 위장한 물고기들이 잽싸게 숨어든
무성한 줄풀로 가파르게 쌓아올린 성을 공략하려고
백로가 부라린 시선의 작살을 호시탐탐 내리꽂으며
여호수아같이 草城을 뚜벅뚜벅 감돈다
온 가람에 겯고트는 긴장이 팽팽한데,
느닷없는 사람의 개입에 앵돌아진
백로가 푸드덕 날개를 재우쳐 날아가고
출렁출렁 일그러지는 그 사내 얼굴이
주름살 널리 퍼진 노파 얼굴과 겹겹이 포개지며
하류로 흘러 흘러 간다
수심에 잠긴 버드나무 가지 사이로
해는 저무는데

걷는 골동품

정갈한 백로 두 마리가
말 한마디 없이 날아간다

보리밭 건너 대숲 넘어
아슴한 읍내 쪽으로 날아간다

수컷은 앞에서 너풀너풀
암컷은 뒤에서 너울너울

두루마기자락 휘날리며
백로 한 쌍이 담양장에 간다

저만치 앞선 지아비 황새걸음 좇아
지어미가 뱁새걸음으로 종종거린다

좁힐 수 없기에 깨지지 않는,
장독대에 은근히 우러난 조선장맛 사랑

인사동 한복판에서도 찾아볼 수 없는
저 잘 빚은 오래된 백자들 사이 거리가

호롱불 깜박깜박 사그라지는
장지문에 얼비친 그림자 같아서

애절타!
거리에 지천이던 이 인물산수화,

자동차들이 죄다 불태우고
다시는 감상할 수 없으리니

그물

앞마당 황토 담벼락 가까이
감나무와 매실나무가
뒤꿈치 바짝 붙이고 키를 잰다

오뉴월 뙤약볕도 아랑곳하지 않고
거미가 두 나무 오가며 집을 짓는다
나릿나릿 손발을 놀리며,

지구를 지속할 살림의 실 잣듯
간디가 물레를 돌린다, 진득하게
하루 이틀 사나흘
한 달 두 달 서너 달
한 해 두 해 여러 해

거미줄은
거미의 궁전이 아니라 오두막이고
물레는
간디의 평화 手力발전기,
자치, 자급, 자립으로
자유인의 삶을 잇고 매고 묶는

녹색 가치 실현의 얼레

국가와 자본과 근대문명 밖에서
우애를 씨줄로, 협동을 날줄로
여럿이 엮어가는 연대의 망에
행복의 파랑새가 날것으로 날아든다

물막이 공사

한강, 금강, 영산강, 낙동강은
사람이 가장 무섭다

멀리서 사람 그림자만 어른거려도
벌써
참붕어가 도망치고
비오리가 날아가고
고라니가 잽싸게 숨는다

듣도 보도 못한 불도저가
지축을 울리는 검은 바람 일으키자
흰 대숲 같은 갈대가 서걱서걱
울며 내는 소리

임금님 귀는 당나귀 귀
임금님 귀는 당나귀 귀

물길 가로막듯 귀 막은
에라, 몹쓸 인간들아

지리산 댐 건설에 온몸으로 저항하며
남원 실상사에서 청와대까지
사백여 킬로미터 얼어붙은 길을 열흘 동안 걸어온
열네 살 소년이 한 말에
나는 쥐구멍에라도 숨고 싶다

"자연아, 개발이라는 이름으로 자꾸 상처 입혀 미안하다."*

*한겨레신문(2010년 2월 12일 금요일)에서.

코스모스

벌 나비가 날아올 때는
방긋방긋 해맑게 웃고
자동차가 지나갈 때는
자지러지게 우는 이들이 있다

달리는 자동차 안에서
꽃구경하는 사람들 바로 뒤
도로 가장자리에서
허리 휘게 까무러치는 이들이 있다

지금 여기서
검은 질주의 영정사진 내걸고 분향하면
우리가 벌 나비가 아니더라도
그들은 해마다 향기로운 웃음 줄 텐데, 골똘히
생각에 빠져 길 걷는 내게 묻는 이들이 있다

우리가 사라지면 너희가 존재할까?

유례없는 생태죽임의 첫 세대여
너희가 이 만행을 서둘러 포기하면 살지니,

공존공생의 길, 그 가난하고 불편한 길 한가운데로
스스로 걷는 거룩한 바보가,
인류가 바라보고 가야 할 오래된 미래의
별이고 꽃인 것을

무모한 추억

마당에 모가지 비틀린
풍뎅이가,

길바닥에 패대기쳐진
개구리가,

냇둑에 말뚝 박힌 늙은
호박이,

혼자 든 잠자리에 잠입하여
그리움 저편 까마득한 내 범행을
말없이 심문한다

우리가 뭘 잘못했는가?

공소시효 없는 나라의
즉결심판관, 선명한 기억이 선고한 대로
나는 두꺼운 누비이불 속 독방에 수감돼
지독한 불면형을 사느라 뒤척인다

소란한 별빛들이
대들보 위 쥐를 노리는 고양이의 잰걸음으로
몸을 낮추는 새벽녘까지

신화적 농

농수로 가에
싸리나무가 낭창낭창하다

물에 비친
미소년에게 반해서
수그리고 굽힌 등허리가 화석 되어
싸리꽃이
풍덩,

순식간에 가뭇없는 그 소년이
바로 저인 줄도 모르고
저수지에서 하릴없이 늙어가다
어슬렁어슬렁 내려오는
주름진 물에 투신한다

흘러가다
흘러가다

수선화
수선화

수선화로 다시 피어난
소녀은, 물에 녹아들어
가뭄으로 쩍쩍 갈라진
거대한 거북이 등의 상처 샅샅이 핥는다

상처가 고실고실 아문 논에서
농부들이 두세두세 수확한 벼에서는
살림과 순환의 꽃향기가
물씬물씬 풍길 것이다

맵시벌

뛰는
놈 위에 나는
놈 있다 나는
놈 위에 붙어가는
놈 있다

맵시벌은 이름에 어울리지 않게
딱딱한 나무에 산란관 꽂고
나무 안의 애벌레 몸속에 알 낳는
기생벌

노래하고 춤추고 술잔 권하며
화류계의 수피가 메마르고 두껍지만
애써 엉덩이 붙이고 사는
기생에게
기생하는 기둥서방처럼

기생 알에 재차
기생하고 다시 그
기생 알에

기생하는 삼차
기생까지

한순간도 쉽지 않는
모든
기생은

치사한
기생이 아니라
치열한
기생

罰 같은 생을
맵시 있게 사는
기생이
아름답다

곡우

산밭에 하지감자 씨를 묻어두고 안달하는데
좀처럼 싹틀 기미가 보이지 않는다
땅속 감자의 속내 알 수 없는 만큼
자책하는 내 안의 목소리는 커져만 간다
"네가 아무렇게나 심은 탓이야."

지구 살갗에 연둣빛 거웃이 빼곡히 돋아날수록
내 죄책감이 더욱 깊어가던 날 저녁
먹구름이 후두둑 후두둑 개구리 울리는 말들만 단비로 내뱉고
높은 산 넘어 맑은 산을 성큼 데려온 이튿 날 아침
감자 싹이 빠끔히 황인종 낯 내민다

내가 오랫동안 풀지 못한 비밀 문을
구름은 쉽사리 열어버린다
때 되면 붉은 감자에선 붉은 꽃이,
흰 감자에선 흰 꽃이 피고 질 뿐,
감자와 산밭은 서두르지도 보채지도 않는다

2부

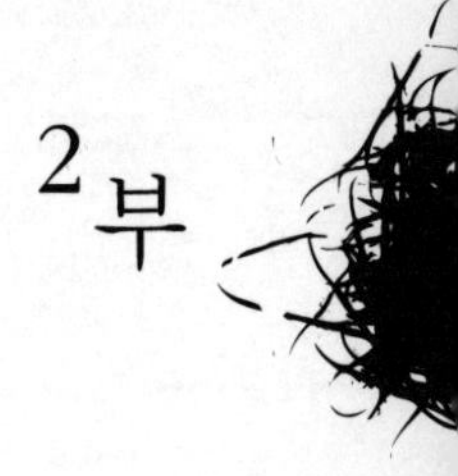

벌초

추석 이레 전
그는 입대했다

지혜

초등학교 이학년 때였다
골목길에서 동무와 딱지 치다가 싸웠던 것은

사립문 밖 쇠 갈리는 욕 소리에 놀라
그의 어머니와 내 어머니가 거의 동시에 뛰쳐나왔다

"어디 다친 데는 없니? 미안하구나."

어머니는
그의 옷에 묻은 흙먼지 먼저 털어주면서 사과하고는
다짜고짜 나만 혼내는 것이었다
내가 별로 잘못한 것 같지도 않았는데……
나는 억울하고 황당했지만 말대꾸는 엄두도 못냈다

"당장 따라 들어와."

성난 계모 같은 어머니를 뒤따라 집안으로 들어갔다
가만히 사립문 닫고 고개 떨어뜨린 나를
어머니는 꼭 껴안아 주었다

"얼른 손 씻고 저녁밥 먹자."

솔지

서울에서 담양으로 갓 시집 온 새댁, 바깥일은 도무지 할 줄 몰라 포도시 집안 청소와 삼층밥 짓는 일로 시집살이 초년을 보내던 어느 날, 시어머니가 처음으로 며느리에게 "솔지 좀 담가 놓아라." 언명하고 지심 매러 밭에 나갔는디, 미루나무 가지 사이에 찡겨 뉘엿뉘엿 지는 해 등지고 삼간초가에 돌아와 저녁 밥상 받아보니 기절초풍하기 일보직전이라

아직은 솔차니 서먹서먹한 고부가 마주한 밥상에는 고춧가루 듬뿍 넣어 버무린 솔잎만이 잔뜩 쌓여 있고 정작 솔지는 눈 씻고 찾아봐도 없었는디, 으째야쓰까 으째야쓰까, 속 터지는 시어머니가 허벌나게 뿔이 나서 며느리에게 한마디 내뱉는 거라 "니는 솔도 모르냐? 저 텃밭에 널린 것이 죄다 솔인데도." 성난 고릴라처럼 시어머니가 가심팍 탁탁 치며 경로당으로 핑 마실 나가고, 무담시 나무라는 듯 댑대 얼척없는, 철없는 며느리도 속으로 한마디 대꾸하는디, 그 혼잣말이 가관이라 "소나무 잎이 솔이지요, 무엇이 솔이랍니까?"

돼지주댕이맹키로 입 삐죽 내민 각시가, 시골 학교 선생인 신랑이 퇴근해 사립문 열고 마당에 들어서자마자 쪼르르 달려와 따져 묻는디, "솔잎이 솔 아니야? 오늘 낮에 어머니가 솔지 담가 놓아라 하시기에 뒷산에서 애써 솔잎 따와 소금 뿌려 숨죽이고 김치처럼 담가 밥상에 올려놓았는데, 어머니는 다짜고

짜 역성만 내셔. 도대체 그 영문을 모르겠어. 밥맛없으면 밥맛없다고 솔직하게 말씀하시지…….”

“당신, 여태 그것도 몰랐단 말이야? H대학 국어교육과를 다녔다는 사람이. 전라도에서는 부추를 솔이라고 하는 줄도.” 신랑이 반쯤 빠진 배꼽을 가까스로 다시 집어넣으며 각시에게 되묻자, 각시는 히마리없이 그 자리에 철퍼덕 주저앉아 두 손으로 얼굴 가리고 엉엉 우는 거라 농사일에 당최 깜깜한 각시가, 시어머니 맴에는 서푼 어치도 안 차는 며느리지만, 신랑은 겁나게 귀엽기도 하고 쪼까 짠하기도 해서, 각시에게 뽀짝 다가가 가녀린 어깨 살포시 감싸고 달개며, 퉁거운 책이 아닌 투박한 전라도를 하나하나 가르치기로 마음먹은 거라 여기에서는 ‘김치’를 ‘지’라고 하고, 지 담글 거리를 ‘지까심’이라고 한다는 것부터 반찬을 ‘건개’라고 한다는 것까지

소농

가족끼리 모 낸다
무논 양 가상에서 모 심는
아버지와 어머니가 못줄까지 잡는다
나는 조그만 막내인데도 열외 되지 않고
일곱 식구들 뒤에서 모쟁이 한다
첨벙첨벙 뛰어다니며 모 대주고
논둑에서 점심과 새참 먹고
거미와 장난치고
막걸리 심부름 도맡아 하는데,
양은주전자 주둥이 홀짝홀짝 빨아대며
마른 목 축이다보니 취해서
에라, 정자에 드러누웠다가
개 짖는 소리에 벌떡 깨 헐레벌떡 돌아와
아무 일도 없었다는 듯 시치미 뚝 떼고
다시 모쟁이 하다보면
길고 고단한 해가 기울고
나는 자꾸 뒤돌아 서산에 한눈판다
오늘 일은 여기서 그만 끝내자는,
내 불순한 기표가 지시하는 기의를
어머니는 금세 해석하고

이제 얼마 남지 않았구나
조금만 부지런히 심으면 금방 끝나겠다고
내 염장 지르는 소리만 한다
나는 못마땅한 말투로
왜 이렇게 논이 넓은 거야
해는 느림보 거북이처럼 꾸물대기만 한다고
한숨 몰아쉬는데,
어린 것의 그 한숨 소리가 귀에 거슬렸든지
입이 무거운 아버지도
논이 자못 좁구나
우리 논이 더 넓고 많았으면 좋겠는데……
나 미칠 말만 일부러 골라 하고
야속한 해가 그림자마저 뿌리칠 때까지
식구끼리 모 낸다

모정

무인도다, 울창하게 파도치는 대숲이 병풍처럼 둘러친 밭은

하지가 지난 일요일 뻐꾸기 울음소리 가까운 그 누런 섬에서 밀을 벤다

식구들이 평상에 앉아 칼국수, 수제비, 부침개로 떨어진 입맛에 구미 당기고 이야기꽃 피워 무더위 식혀줄 밀을,

낫날은 카멜레온 혀처럼 날름날름 잡아당겨 넘어뜨린다

어른들에게 뒤질세라 허리 펴지 못하고 정신없이 낫질하는데 번뜩이는 눈이 불쑥 코앞에서 껌벅인다

"으악!"

날 선 흉기 든 사람도 두려워하지 않는, 낫날같이 날카롭고 당당한 눈초리에 기함할 듯이 놀라 뒤로 물러선다

두방망이질하는 가슴 겨우 쓸어내리고 가만히 들여다본다, 거룩한

저,

눈빛을,

까투리가 알을 품고 있다

갈색 비늘무늬 털옷 걸치고 온몸으로 불볕 가리느라 헐떡거리는 까투리 어머니, 자식 위해 제 목숨도 하찮게 여기는, 그 갸륵한 사랑 눈물겹게 읽은 노모께서 말씀하신다

"아범, 꿩 주변 밀은 베지 말게나."

백전노장 산파의 지시대로, 반경 일 미터쯤 되는 원형 밀집 한 채 세워두고 마을로 돌아가다 스님머리 같은 밭 끄트머리에 서서 옷깃 여미고 두 손 모은다

노을이 품은 산실, 꿩의 순산을 위하여

중풍

2008년 8월 8일 저녁 8시
88년 묵은 고목이 쓰러졌다
우레가 치고
태풍이 불고
화산이 폭발하고
낡은 우뇌관이 동파하자
가지가 단박에 망가졌다

왼쪽 팔과 다리가 마비되고
입이 돌아가고
눈이 잿빛으로 돌변하고
의식이 흐려진 어머니를 펼치니
노른자 흰자 다 빨아먹고 짓밟은
달걀 껍데기 부서지는
소리가 흘렀다

8자 좋고 8자 좋아하는
중국 사람들이 열광하는
베이징 올림픽 경기장 밤하늘에
폭죽이 어머니 머릿속 핏줄 터지듯

팡, 팡, 팡, 팡, 팡, 팡, 팡, 팡
88하고 화려하게 피고 지던 날,
8자에 없던 병원 응급실 침대에 버려진
어머니는 진즉 알고 계셨다
다시는 온전히 집으로 돌아가지 못한다는 것을,
자식도 하룻밤 불꽃놀이에 지나지 않는다는 것도

모자

악어와 악어새 사이다, 요람에서 무덤까지 홀로 서지 못하는 인간은

공원 잔디에서 피어오르는 아지랑이가 사람과 사람을 아른아른 접착시키는 일요일 한나절, 비둘기 눈꺼풀 자꾸 성가시게 끌어내리는 봄빛에서, 뒤설레던 누님의 분가루 냄새가 난다

추리닝 입고 까치집만 한 모자 눌러쓴 사람들이 종종걸음으로 운동장 가장자리길 따라 연거푸 돈다

한사코 시계 반대 방향으로만 줄느런한 인파에서 밀려난, 머리카락 희끗희끗한 아들이 무표정한 백발의 얼뚱아기에게 평생 익혀온, 한순간에 잃어버린 걸음마를 새시로 진땀나게 되찾아주고 있다

왼손은 그녀의 턱 받치고 오른손은 그녀의 몸뻬 허리춤 움켜쥔 그가, 고목가지에 새싹 틔우려고 거름 쏟아 붓고 샘물 흠뻑 뿌린다, 정성스럽게, 다정하게, 애타게,
"옳지, 옳지, 잘한다, 잘한다. 한 발짝 더, 한 발짝만 더 앞으로."

먼 길 갈 준비하는 한 걸음 한 걸음이 이리도 팍팍한가 아득히 노모 앞에서 손짓하는 검은 두루마기 걸치고 늘어선 가로등, 그 바투 밑에 애호박처럼 매달린 스피커에서는 한 대중가요 후렴이 박자에 발맞춰 섬마섬마 걸어 나온다

세상이 변해도 나의 사랑 그대와 함께
세상이 변해도 나의 사랑 그대와 함께

겨울 논

손 없이 고요한 吉日
아이들이 짝 찾아 머리 올리자
할머니가 된 어머니는 두 다리 뻗고
겨우내 곤히 쉰다
땀 한 방울까지 아낌없이 내어준
마른 오징어 같은 어머니 가슴에는
아이들이 빨아대고 남은
젖꼭지, 푸석푸석한 벼 그루터기가
종횡으로 줄지었다
가문 수로 따라
바람의 발길질에 서걱거리는
억새, 몇 가닥 무명실 흩날리는
어머니 머리카락 위로 아득히 먼
처녀의 하염없는 追懷, 뒷동산에서
숨바꼭질하던, 느릅나무 뒤에서
지독하게 가슴 울렁이게 한
사내의 안개 낀 향기를 더듬는 발자국에
흰 눈이 쌓인다, 포근히,
다음 세대를 예비하는 씨앗들의
봄날을 꿈꾸며

노랑나비

나팔 소리도 없이 푸른 가마가 온 숲에 성큼 내려앉는다 안팎이 따로 없고 호주머니가 없는 삼베옷 입은 어머니가, 천사들이 호위하는 그 가마 타고 가신 지 보름 뒤다 한낮 집안은 적막강산인데 누가 똑똑똑 장지문 두드리는 소리가 난다 몽롱한 실눈 뜨고 쳐다보니 노랑나비 한 마리가 밖으로 나가려다 자꾸 창호지에 부딪혀 아래 문틀에 떨어진다 나는 대자리에 누운 채,

"잠깐 기다려. 내가 밖으로 데려다줄게."

하고 속으로 말하고, 퍼뜩 두려워할 것 전혀 없는, 피 대신 꿀이 흐르는 꽃대궁이길 바라며, 노랑나비를 조심히 모시기 위해 집게손가락 곧추 펴 허공에 흔들림 없는 국화 한 송이 피운다 노랑나비는 서너 번 맴돈 끝에 고개 한 번 갸웃하더니 그 소통한 꽃 정수리에 곱다시 날개 접는다 방문 열고 밖으로 나갈 때까지 그곳에 우화하는 금반지처럼 음전하게 앉아있던 노랑나비, 마당 가운데 허공으로 불쑥 꽃이 치솟자 몇 번 낮게 날아보지만 차마 떠나지 못하고 물가에 내놓은 이 늙은 아이에게 되돌아오곤 한다 그러다가 마침내 다시는 말 걸지 않고 서천으로 부는 바람 타고 높이 날아올라 눈부신 태허에 든다

"잘 가세요, 어머니."

하고 쳐든 머리 숙이니 대문 앞에 마른 덩굴장미가 되살아나 봉긋한 새 식솔들 거느리고 와 있다

마지막 선물

하느님이 지상의 한 여인을 무지무지 사랑해버린 며칠 뒤,
횅한 시골집 장독대에 주인 잃은 항아리들이 서로
등 기대고 주저앉은 채 말없이 해바라기한다
틈틈이 지르되게 피어난 분꽃 머리에 꽂고서

그 가운데 맏이인 독에 반쯤 찬 묵은 장에는
숯과 메주와 고추가 손 없는 토끼날이나 호랑이날에
알몸 내쳐 담갔을 선녀 살색으로 떠있다

해수면에 둥둥 떠다니는 조그만 돛단배, 조롱바가지로
나는 빈 대두병들에 검은 향수 가득가득 담아
헐벗음과 부끄러움을 감싸는 일이 본능인 보자기로 싸안고
동료들에게 가져다준 뒤 하늘 쳐다보며 소처럼 씩 웃는다

어머니의 유작과 공로를
내가 중간에서 가로채 선심 쓴 꼴이니까

그래도 신혼여행 중인 하느님의 새색시는 기뻐하실 것이다
중학교 다닐 때까지 당신의 젖가슴 더듬거리고
터무니없이 가무리던 이 막내아들이

제 배 채울, 눈먼 돈 같은 먹을거리인데도 스스로 나서
이웃들과 나눠먹는 모습 내려다보시고

흐벅지게 흐뭇하실 것이다
종지에 담겨 밥상 한가운데 귀빈으로 모신 당신의 마지막
선물을 한 숟가락씩 떠 입맛 돋우며
도란도란 둘러앉은 식구들 웃음소리 들으시고

그 조선 장인의
선물은, 진하게 달인 내 눈물도 곰삭아 들어서,
사뭇 간장 녹이고 감칠맛 날 것이다

오냐 오냐

잘 주무셨어요?
오냐

아침진지 드셨어요?
오냐

아픈 데는 없으신지요?
오냐

들일 자그마치 하세요
오냐

또 전화할게요
오냐

내게 가장
컸고 진실했고 짧았던
위안의
말씀,

이제는
영영
먼,

어머니의
오냐 오냐

헛헛한

선심 쓰듯 달포에 한 번꼴로 찾아가던
내 태 묻은 자리에 홀로 사시던
어머니가 사립문 밖 고샅길에서
서성거리곤 하셨다

호박, 깻잎, 고추, 고무마대, 지까심, 부추, 쑥, 녹두, 참기름, 장, 쌀……
기어이 한 가지라도 손에 쥐어주시고,
아무것도 쥐어줄 게 없으면 하다못해 덕담이라도 귓속에 채워주시고
자식들 빈손으로 돌려보내신 적 없던
어머니가, 항시 마을 어귀까지 따라 나오셔
전셋집 구경 온 사람처럼 훌쩍 내달리는 내 자동차 뒤에서
외로운 한 손 흔들고 계셨다, 오래오래

그대로 계실 줄로만 알았던 그 자리에
가득하던 어머니의 손사래가
오늘은 텅 비었다

허술하고 헛헛한
내 탯자리에 고목 스러진 뒤

나는 너무 늦게 알았다
옛사람 말씀이
이끼 낀 돌멩이가 아니라
마음으로 닦을수록 빛나는 금덩이라는 사실을,

"나무는 고요하려고 하나 바람이 그치지 않고
자식은 봉양하려고 하나 부모는 기다려주지 않는다."*

*樹木靜而 風否止
子欲諒而 親否待
—공자

써레질

아카시아 꽃향기가
찰랑찰랑한 고래실 무논에
당목 옷 입은 아버지와 얼룩소가
한 해 살림터 새로 닦는다

아버지는 소를 함부로 부리지 않고
소는 아버지에게 온전히 순종하여,
잔칫상 맞든 부부처럼
둘이 발맞춰 뚜벅뚜벅 걸어가면
높은 곳은 낮아지고 낮은 곳은 높아진다

사람 위에 사람 없고 사람 밑에 사람 없듯
논 위에 논 없고 논 밑에 논 없는
수평을 만들고 그 장애물들 걷어내는,
파란 하늘 보듬은 무논 품에
맨발의 흰빛들,

아버지와 소가 나란히
기름지게 평등의 흙을 고르고
백구가 앞장서서 가는 논둑길과 평행하게

은쟁반 이고 새참 내온 어머니가
논머리에서 살갑게 손짓하면
붉은 머리띠 두른 녹두장군이 내건
농민의 깃발인 듯, 프랑스 삼색기인 듯,
소나무 꼭대기에서 백로가 펄럭인다

생생한 웃음

두 밤만 자고나면 설레는 설날이었다
아침부터 펑펑 퍼붓는 아름다운 평등, 함박눈이
논과 내와 생사의 경계 고요히 지우던 날
눈밭에서 훌쩍 날아가는 멧비둘기 따라
산 자의 가슴에 마지막 표정 하나 남기고 떠나는
아버지의 영혼이 깃털처럼 가벼웠다

눈물샘조차 말라버린 아직 고운 어머니는
영정사진도 없는 병풍 앞에 엎드린 내게
"애야, 고만 울어라. 산 사람은 살아야제.
네 아버지는 돌아가시지 않았다. 우리 가슴에 살아계시다."
하시며, 내일 향해 되레 웃는 법을 가르쳐 주시려는 듯
어색하게 웃으셨다, 내가 본 가장 슬픈 웃음을

가출

중학교에 다니는 내 아이가
집을 나갔다

밤늦도록 대문 밖에서 그를 기다리다
문득,

하늘로 출가한 키 작은 아버지가
눈앞에 무척 크게 어른거려서
나도 모르게 눈시울 슴벅하게 젖는다

그 옛날 철없는 내가 집을 나갔을 때
착잡한 아버지도

차가운 달빛에 뜨거운 눈물 식혔을 것이다
이제야 제대로 벌 받는 이 늙은 아이처럼

아버지의 유산

먹물을 만져본 적도 없고
들여다본 적도 없는 천연기념물,
그는

벼와 콩을 가꾸고 소 먹이는 일에
죽음을 코앞에 두고 산상 기도하는 예수같이
피땀을 흘렸을 뿐이다
꼭두새벽 빈손으로 출발한 정류장에서
오밤중에 빈손으로 도착한 종착역까지,
예순일곱 해 그 좁고 험한 흙길을 단 한 번도
하차한 적 없었던, 도시로 가는 샛길을
기웃거릴 요령조차도 아예 몰랐던
그가, 제 정직한 땀으로만 얻은
한 끼 밥을 오로지 섬기고 나누다
혹여 땅에 무거운 짐이 될까 메마른 몸으로
이름 없이, 흔적 없이, 가뿐히,
짧지도 않고 길지도 않은 농군배역을
온힘 다해 끝낸
그가, 논배미와 외양간에서 대물려 받은 대로
곱다시 대물려 준, 흔한 듯 소중한, 티 나지 않은

재산 하나,

내 가난한 눈물은
시리고 가파른 가슴들 누그러뜨리는
다랑이 논길, 곡선이고자

비행운

드높은 창공을 가르는
새하얀 평행선

무성한 계절의 강 건너 뭉게구름 터널 지나
제비호도 훌쩍 떠나고 기적 소리도 끊긴 한낮

단풍 든 가로수 한 그루 없이 텅 빈 공중 기찻길을
손차양하고 바라보며 하염없이 걷는, 젖은

시선의 종점, 먹빛 남산 너머 고향 역에는
아버지가 하늘나라에서 벌써 마중 나와 계실까,

오래전에 헤어진
여전히 어린 나를

父子는 곁에 있으면서도
다시 만날 수 없는, 바람이 지워버린 흰 두 철길이고

보이지 않는 그리운 비행기를
내 아들의 눈에서 애써 그려봐도 소용없다

지문

나근나근한 나인 바람이 소금쟁이 발로
치맛자락 살포시 끌고 건너간 호수 마루,
남빛 물오른 제비 한 마리가
톡, 건들고 날아오른다

기억 저편 어머니의 양수 속에서 헤엄치던
화석 시절부터 세상 향해 몸집 불려온 파문,
신도 지울 수 없고 복제 고수도 위조할 수 없는
동서고금 유독한 존재의 무늬!

먼 훗날 뉘 있어 찾는다면
잔잔한 내 무덤에 난 고사리 열 개,
아버지의 가파른 등고선임을 알라
무덤 주인이 백 년을 더위잡고도 다 오를 수 없었던

합장

늙은 갈잎이 팥배나무 낙엽 받아 안는다
길바닥에 떨어져 다치지 않게, 함께 보듬고
멀고 긴 겨울로 간다

혼자 삼십 년 앞서 가 기다린 성급한 아버지 유골,
오늘은 떼쓰는 아이처럼 어머니 곁에 드러누워서
영원한 집으로 간다

3부

구멍

내가 선생 노릇하는 학교 인근 농촌에
금속성 바람이 세차게 분다
이십사번 국도변 미루나무와 버짐나무 사이
팽팽한 골프장 건설 펼침막, 그 한가운데 뚫린
동그란 두 눈으로
바람의 禍氣가 가까스로 빠져나간다

이런 날이 올 줄 진즉 예감한 애벌레가
배춧잎에 구멍 숭숭 뚫어놓았나
저 천연 원이 햇빛 쏙쏙 모아들여
배추 쑥쑥 키우는
谷神의 옹달샘 아닌가
흰나비도 사람도 벅벅이 살리는

나무를 심으며

사월 이일 담양 장날
가는 무채 같은 햇살을 오지게 오물대는 할아버지가
다리 위에 갖가지 묘목을 늘어놓고 파신다

만 원 주고 산 감나무 두 그루 손에 들고
나는 할아버지께 여쭌다

"이 나무가 감나무인지 아닌지 어떻게 알 수 있습니까?"

할아버지는 금방 손수레 밑에서 꺼내온
노랗게 핀 꽃을 찍은 사진과
빨갛게 익은 대봉을 찍은 사진을
차례로 내게 보여주며 말씀하신다

"심고 진득하게 기다려봐. 이처럼 꽃 피고 열매 맺으면 알 터이니."

텃밭 모퉁이에 나무를 심으며
속으로 나를 나무란다

“너는 참 조급하고 불경한 선생이구나. 아이들이 아직 꽃도 피기 전에 겉만 보고 이 아이는 실하고 저 아이는 부실하다, 제멋대로 속으로 속단하니. 반듯이 나무 잡고 정성껏 거름 주고 흙 밟고 물 뿌리고 기다리는 일, 지금 네가 할 일은 이것뿐인데.”

仁

부나비가 가엾어 등불을 켜지 않고
쥐를 위해 언제나 음식을 남겨 둔다

나뭇가지 위 잠든 멧새에게 총을 겨누지 않고
얼음 밑 물고기에게 낚싯대를 드리우지 않는다

생뚱맞게 옛말이 떠올라 발걸음 멈추고
겨울 강가 부러진 갈대 울음소리에 귀 기울이다

아아,
사십육만 결식아동들에게 거저 밥 먹이는 일!

장마

키 껀정한 아파트가
돌풍에게 회초리 맡고 운다
눈물 주룩주룩 흘리며 운다, 엉엉
하도 서럽게 울어서 창밖을 내다볼 적이면
저녁에는 가로등이 깜박이고
아침에는 우산이 핀다, 활짝 핀
꽃들이 교문 안으로 울긋불긋 흘러든다
장대비 줄기차게 쏟아 붓는 등굣길은
자동차 물살 세고 전조등 날카롭게 켠
악어들이 우글거리는 검은 마라강이다
지각한 어린 누가
위험한 문명의 사死거리 건널목
요단강같이 건너가는

향기로운 농담

내가 가르치는
고등학교 삼학년 아이들과
학교 앞 논길을 걷는다

삼삼오오 짝지어
조잘조잘 함께 걷다보면
민들레꽃들도 삼삼오오 짝지어
봉긋봉긋 피어나고
벌써 흰 우주,
한 손으로 번쩍 들어 올린 것들도 있다

개구진 한 아이가
그 성긴 우주를 뚝 꺾어 들고
다른 아이의 머리 위로 훅훅 불어댄다

모기만 한 씨앗들이
곱슬머리 속으로 파고들고
곁에 있던 또 다른 아이가
그녀를 놀린다

"너는 좋겠다.
염색 안 해도 노랑머리가 꽃필 테니까.
내년 이맘때쯤"

그들이 가뭇없는 길에,
향기롭게 조잘대던
꽃씨들 날아가고 민들레처럼 혼자 남은
이 부단한 흙길에
새로운 얼굴들이 돌아온다

어느 교사의 고백

나는 분필 든 연기자

교실이라는 무대에서
어린 관중들에게 보여준 것은, 내가
얼마나 똑똑한지,
얼마나 지식이 많은지,
얼마나 수업 준비를 충실히 하는지였다

이 연기의 깊은 속내는
그들의 성숙과 공부를 도와주기보다는
그들이 날 훌륭하게 생각하도록 하는 것이었다

나는 왜 교사의 탈을 쓴
끌밋한 탤런트가 되어버렸는가?

인기 있는 수업 강박증에 시달린
지난날을 뼈아프게 돌이켜보니
그것은 공포 때문이었다
사기, 오류, 무지, 미숙, 비겁, 허세, 바보……
이런 내 본질이 폭로될까 두려운 까닭이었다

이제는 마음에 색칠한 분장을 지우고
몸에 맞지 않는 무대의상을 벗으련다

내가 한 일과 존재한 방식 그대로
내 것으로 인정하련다

그리고 정직하게
내면의 목소리에 귀 기울이련다

안팎이 어긋남 없이 기쁨을 되찾고
아이들의 허기를 달래주기 위해서,

사람과 사람 사이 높낮이 없는
만남에 목마른

참회

칠판 앞에 서면 덧없이
지울 것들보다 지운 것들이 더 많다
어느새 지는 해가 된
나, 할 수만 있다면 냉큼
설익었던 옛 풋내기 교실로 달려가
손금이 모조리 몽당비가 되도록
말끔히 지우고 싶은
새파란 치기와 우매와 오류가 자못 많다

아이들이 먼저 지워주지 않는다면
내 힘으로는 곱다시 지울 수 없는,
아이들 마음에 낸 상처에 대한
사죄와 보상으로,
밤새워 무릎으로 퇴임사 쓰는
심정으로, 얼마 남지 않은 날들
하루하루 반듯하게 판서를 해야겠다
아이들 안의 칠판에 바르게
또박또박

좋은 선생님, 참 좋은 선생님,

애면글면 이 바람의
불온한 잠재의식조차 깨끗이 쓸어 모아
쓰레기통에 버려야겠다
조각난 색분필처럼

교단에서

교사와 꾸밈없는 만남을 피하기 위해서
아이는 공책과 침묵으로 방패를 삼는다

아이들과 시끌벅적한 만남을 피하기 위해서
교사는 제압과 권위의 창을 던진다

학과와 즐거운 만남을 피하기 위해서
아이와 교사는 허울뿐인 객관성 뒤로 숨는다

교사가 교사와 동지적 만남을 피하기 위해서
전공으로 얼굴을 가린다

우리가 생생한 만남을 두려워하는 것은
타자와 정면으로 부딪치는 것을 무서워하는 탓

다양성의 우주를 거부하고
획일성의 우물 안에서만 안주하려는 탓

그 우물에서 뛰쳐나와 나는 떠나야 한다
낯선 참을 찾아 미지의 땅으로

길에서 맞닥뜨릴 내 밖에 있는 타자,
아이와 학과와 교사와

내 안에 도사린 타자,
공포에 나를 과감히 열고

만남이 생생한 배움이 될 때까지, 참빛을 만날 때까지
내 여행의 종착역은 없다

교직

가르치고 배운다는 것은
춤을 추는 일

너와 나는
오래된 춤의 파트너들

창세부터 무궁까지
옛 세대와 새 세대가 만나
날마다 나선형으로 춤을 추는 것은

나는 너에게 경험의 손을,
너는 나에게 경이의 발을 서로 내밀고
함께 돌며 성숙하는 일

애당초 편애와 담 쌓고 사는 신이
'너,' '나,' '우리' 라는 삼박자 경쾌한
생의 왈츠, 그 끝종을 칠 때까지
소통과 연대를 촘촘히 교직하는 일

배우고 가르친다는 것은

가르치고 배운다는 것은

춘분

밤과 낮의 길이가
데칼코마니다

그림보다 더 그림 같은 청죽골
참꽃 피는 산비탈 논에 스케치하듯
농부는 소를 부려 엄숙히 애벌갈이하고
나는 논둑에 앉아 새 수첩에 쓴다

불가능에 가능을 파종하고
뒤에 싹틀 파릇한 희망을 이야기하는
공평한 교사가 되자

상강

개망초 우거진 냇둑 한 뙈기
삽과 괭이로 평평하게 골라
순이 엉덩이만 한 밭을 만들었다

거친 땅 갈아엎어 돌멩이 주워내고
한 뼘 크기로 자른 고구마 순 심은 뒤
물을 흠뻑 뿌렸다

된서리 내릴 무렵
마중물 같은 줄기 따라 올라오는
실한 고구마들 손에 들고 나는 생각한다

일교차 큰 고해에 깨어난 갖가지 옹골진
이 녀석들이, 내가 가르친 아이들이었으면,
내 머리에 서리 허옇게 내리는 날에

신선

내가 아는 한
산골에서
이슬만 먹고 사는 존재는
오직 둘뿐,

반딧불과
내 초등학교 처녀 선생님!

섬광을 깜박이고
복사꽃 향기 풍기는 그 담임선생님이
남루한 우리 오두막집을 방문했을 때
나는 처음으로 가출했다

지금은 어디에 계실까?
아직도 구름 타고 다니실까?
혹은, 밤별이 되셨을까?
내 반백의 베갯머리에 샛별로 떠서 반짝반짝
잠 못 이루게 하는,

현주소와 생사가 밝혀져서는 안 되는,

여전히 신비로운

내 마음의 무릉도원!

조례

사모가 출산하고 짧은 연가가 끝난 뒤
발걸음도 가볍게 출근하는
담임선생님을 맞이하는 평화반 아이들,

산후 조리엔 이게 좋다 저게 좋다 해쌓더니
지난밤 아무 교사도 모르게 장만해 온

윤기 나는 숯과 붉은 고추, 새끼줄에 드레드레 매단
칠판
아래,

교탁 위
웬,
포장한,
양동이 하나?

담임선생님이 포장지 벗기고 뚜껑 열어보니
"으악!"

그 속에

어른 팔뚝만 한 가물치 한 마리 펄떡펄떡 숨쉬고
책상 위 시루떡에서는 김이 모락모락 피어오른다

그런 선생님

사냥꾼에게 쫓기는 사슴이 맞닥뜨린 막다른 골목에
수직으로 치솟은 장벽처럼 세상살이 막막할 때
뜬금없이 찾아가 무릎에 머리 조아리고 하염없이 울고픈
선생님
속절없이 흙으로 돌아가는 은행잎 위에
가을비가 삶의 느낌표 추적추적 찍는 날 해거름
슬리퍼 끄집고 툇마루에 걸터앉아 술잔 나누고픈 오랜 벗 같은
선생님
거나하게 취해 저녁노을 등지고
음반 가게에서 흘러나오는 아리랑 가락에
어깨동무하고 덩실덩실 춤추고픈
선생님
어디 가나 쪽빛 잉크 꺼내 정성껏 맨 먼저 편지 쓰고픈
선생님
명절이면 부듯하게 감주 한 병 감싸 안고 서둘러 이른
동네, 정자나무 아래 벌써 마중 나와 반갑게 손 흔드는
선생님
따뜻한 손과 넉넉한 가슴으로 말하고
생활로 곱게 닦아가는 앞선 길 보이는

선생님
태풍이 업고 온 폭우에 젖은 몸 넓은 날개로 품어주고
삭풍이 몰고 온 폭설에 인적 끊긴 외지 떠도는 마음에
흙 냄새 쇠똥 냄새 푸성귀 냄새 된장국 냄새 짙게 뿜어내는 고향 같은
선생님
조촐한 저자에서 맛있는 국밥 먹을 때나
머나먼 이국에서 멋있는 풍경 감탄할 때나
근사한 찻집에서 즐거운 음악 감상할 때나
밤새워 재미있는 이야기꽃 피울 때면
금세 뜨거워진 두 눈에 어른거리는
선생님
갈대처럼 머리 허연 나이에도
고목처럼 든든하게 기대고픈,
겉사람은 세월 따라서 후패해가도
속사람은 세월 거슬러 새로워지는
선생님 한 분 계셨으면
나에게

나도 그런

선생님이 되었으면
우리 아이들에게

麥田 선생님* 전상서

북쪽에서 남쪽으로 날아가는
흰 화살들, 기러기 떼가
울음소리의 비행운 쭉 늘어뜨리고
서늘한 하늘 가르는
섣달 열닷새, 성근 오리나무숲 능선에
참선하는 달, 휘영청 방금 뚫린
저 하늘의 개구멍으로
저녁노을 잉걸불에 시커멓게 탄 어둠이
멍멍멍, 꼬리에 꼬리를 물고 빠져나가는
창가, 턱 괴고 개밥바라기별 쳐다보다가,
사람들이 밟으면 되레 꿋꿋해지는
보리밭을 생각하다가
그냥 좋아서 웃습니다

천구백팔십 년
빛고을
엄동설한에 더욱 곧고 푸르던
님이여

*시인의 은사님인 김정수 교수의 아호. 5 · 18국립묘지에 잠들다.

승리자들

몸 한 조각이 떨어져 나간
불편한 동그라미들이
오백 미터 달리기한다
"준비~ 땅!"
출발선을 떠난 동그라미 열 개,
덜컹덜컹 뒤뚱뒤뚱 무리지어 달리다가
동그라미 두 개가 박차고 나아간다
단연 앞선 그 동그라미 두 개,
앞서거니 뒤서거니 갈마들며 다툰다

장애인육상경기대회 깃발이 펄럭이는
사백 미터 지점, 선두 그룹의 한 동그라미가
발목 삐끗하여 넘어진다
다른 경쟁자는 주저 없이 멈춰서
넘어진 경쟁자 일으켜 세운다
뒤따라 달려오던 동그라미들에게 추월당한
두 동그라미, 꼴찌로 들어온다
어깨동무하고 절뚝절뚝
봄빛보다 더 환하게 웃으면서

4부

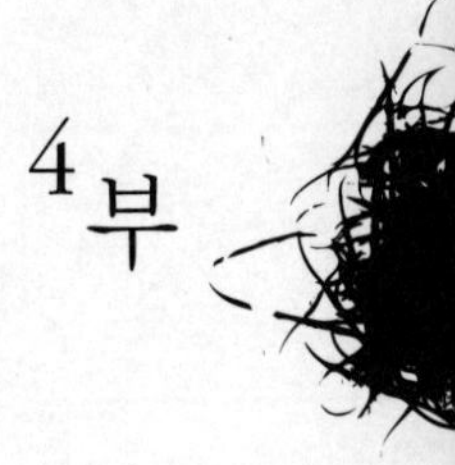

당나귀

바람에 쉽게 부러지는
나무, 단감나무 가지에
높이 매달린
늙은 호박 같다

노부모 모시고 대학생 자식 뒷바라지에
등 휘는 짐 지고 햇볕 뜨거운 사막
터벅터벅 수직으로 걸어가며
고층건물 유리창 닦는
내 또래 중년 남자

중력이
외줄을 갉아먹기라도 할라치면
그도 나도 어깨부터 곤두박질칠 것이다

껌

짧고 얍삽하게 씹는 껌
단물 빨아먹고 길바닥에 매몰차게
버리는 껌
잘 길들어서 곧장 내버리기 아까운 것은
안방 벽에 두 해 정도 늘려 붙여놓고
더욱 마음껏 씹고 때 되면 뱉자는 껌
씹음과 뱉음을 자유롭게,
뻣뻣하고 질기면 입 아프니 유연하게
잘근잘근 씹자는 껌
사람으로 대우하는 것이 아니라
물건으로 취급해서
사용, 사유, 처리, 유예…… 말들이 서슴없이
달라붙는 껌

구강을 청결하게 하고
다른 사람들에게 냄새나지 않게 하기 위하여
온갖 음식물찌꺼기 해치우는 일 마다하지 않았는데,
설레는 정규직 전환을 꿈꾸며
껌 속포장지 은종이처럼 얇은 박봉에도
불평 한마디 하지 않고 몸 바쳐 일만 했는데,

꿈에 그린 날,
덜렁 해고 통지서 한 장 손에 쥔
식당 조리원, 누이는
가차 없이 거리에 나앉아 짓밟히는
일회용 껌

저 처연한 껌들이
뉘엿뉘엿 해 저무는,
굳게 닫힌 대학병원 대문 앞에서
붉은 머리띠 질끈 동여매고 외친다

사용사유를 엄격히 제한하라
해고 금지법을 제정하라
정규직화 회피하는 사용자를 엄벌하라
정규직 전환 지원금을 대폭 확대하라

반질한 노동부 장관이 기자회견 하던 중
우멍한 눈물 찔끔 흘리는 사진을
일면에 발밭게 실은 나쁜 신문이
껌들의 머리 위 허공에서 공허하게 춤춘다

경인 2010년 정월 초이레

일곡초등학교 정문 건너편
인도에서 튀김 장사하는 그녀가
손수레 정리해 밧줄로 가로수에 매 두고
가로등 아래서 지폐를 센다

일렬종대로 정렬한 이퇴계들은
그녀가 엄지손가락으로 침 묻혀 돌리는
낡은 물레방아

돌고 돌고 도는 푸르슴한 돈이
팔리지 않고 남은 튀김같이 눅눅하다
아이들의 누런 코와
가난한 사람들의 비지땀과 마른침이 배어서

내 눈물도 시리게 스며서 눅눅해진
천 원짜리 두 장과 맞바꾼,
따끈따끈 파닥이는 붕어빵 일곱 마리
뿌듯이 안아들고 퇴근하는 밤,
지붕 없는 물레방앗간 위
은하수가 희망가루처럼 쏟아져 내리는

눈앞에서, 초롱초롱한 아이들의 국밥을 붙잡고
그녀가 버스에 오른다

모기향

칠월칠석날 저녁끼니는 수제비로 때우고
마당 가운데 놓인 대나무 평상에 눕는다
총총한 별들 바라보며
어릴 적 할아버지가 들려주신
견우와 직녀 이야기 머릿속에서 그려보는데
모기들이 몹시 성가시게 군다
참다 참다 더는 참을 수 없어서
자리에서 벌떡 일어나
작은방 책상 서랍에서 꺼내온 모기향 두 토막,
평상 밑에 피운다
하늘 뒤덮는 먹구름만 한 모기향 피워 올려
시도 때도 없이 기승을 부리며
만백성의 피 빨아먹는
여의도 모기, 청와대 모기, 재벌 모기, 미국 모기……
모조리 소탕해 볼거나

발렌타인데이

아이들이 E마트에 줄지어 서있다 콜럼버스의 獵物*, 카카오로 만든 초콜릿을 사려고

초콜릿빛 어린이들이 트럭에 실려 카카오 농장으로 팔려간다 채찍 맞으며 생산한 카카오가 초콜릿이 된다는 것도 까맣게 모르는, 만오천 원짜리 달콤한 노예들로, 기름진 아이들이 늘어난 위를 채운다

나의 포만은 어느 굶주린 아이의 목구멍으로 넘어갈 음식을 빼앗는 강도의 칼이다

*작물獵物 : 도둑질한 물건.

유리창과 창호지

차고 슬픈 것이 어른거린다* 닦으면 금방 새것이 되는 절대와 추상이다 숫제 철면피다 밋밋하고 깐깐하다 작은 돌멩이에도 되우 호들갑스럽게 박살나고 영영 제 구실 못하는 고자다 천하장사도 어처구니없이 검붉은 피 보는 좌우 날 선 검이다 바람 한 점 드나들 수 없는 막막한 절벽이다 날개 없는 추락은 섬뜩하다 퇴색하지도 부패하지도 않는다 시간이 머물 수 없는 수직이다 직사광선 거침없이 통과시키는 투명, 방 먼지와 흠집 낱낱이 버르집는 무자비한 침략성이다
　물 건너온 근대 지성의 문법이 반사한다

따뜻하고 정겨운 것이 풍긴다 배고 스미는 것이다 찢기고 구멍 나도 다시 살아나는 玄牝*의 살갗이다, 자궁이다 자주고름 입에 문 새색시 미소다 작은 손가락에도 속절없이 뚫리는 배려다 나무의 가장 순수한 넋이다* 문고리 장식한 국화는 이끼 낀 세월이 나부댈수록 더욱 음전해지는 상감청자빛이다 남양 반쯤 머금은 그늘, 방 때와 상처 살포시 감싸는 보드라운 젖가슴이다 다듬이질하는 모녀의 실루엣이 어린 문에 보름달이 숫접게 낙관 찍는 수묵화다
　구수한 조선 할매의 사투리가 곰삭아있다

*정지용의 「유리창」에서.
*노자의 『도덕경』에서.
*이어령의 『우리문화박물지』에서.

헌화

이천구 년,
오월, 봉하에서 만났던 그
사람을,
팔월, 후광에서 다시 만났다
우리는 승일교*처럼 나란히 붙어서 흰 국화를 바치고 묵념한 뒤, 하의 면사무소를 나왔다
올해는 너무 궂은 날이 많다며 눈물을 글썽글썽, 그는 대구로 돌아갔고 나는 광주로 향했다

보이지 않는 큰 두 손의 함의가 동서 가로막은 낯선 벽을 단박에 허물어 버렸듯,
그렇게,
남북으로 동강낸 낡은 철조망도 모조리 걷어내 보습을 만들고, 남은 것마저 역사박물관에서 삭아가는 모습을,
견학 온 어린이들이 신기한 눈초리로 구경하는 날, 유난히
그리운 그날을 앞당기게 도와주소서!
온 마음으로 빌고 빌었다
겹겹이 닫힌 어둠의 문 힘차게 열치며 내달리는 기차 안에서
내내

*강원도 철원군 동송읍 장흥4리와 갈말읍 문혜리 읍계를 잇는 다리다. 1948년 북한 땅이었을 때 북한에서 공사를 시작하였다가 6 · 25전쟁으로 중단됐다. 그 뒤 휴전이 되어 남한 땅이 되자, 1958년 12월 남한에서 완성했다. 결국은 기초와 교각 공사는 북한이, 상판과 마무리 공사는 남한이 한 남북 합작의 다리인 셈이다.

인간의 시간

복숭아는 복사꽃의 무덤이고 복사꽃은 복숭아의 요람이다, 나뭇가지에
꽃은 열매에 대한 기대로 앞서 피고 열매는 꽃에 대한 기억으로 뒤에 연다

오 분만 비겁하면 인생이 즐겁다고? 그 오 분이 평생 씻을 수 없는 부끄러움이라면? 문틈에 낀 손가락의 통증보다 더 아픈

지난날은 오늘이 피워낸 꽃, 앞날은 오늘이 맺는 열매

언젠가 필지 안 필지, 열릴지 안 열릴지 모르는 것이 아니라 마땅히 꽃 피고 열매 맺는 것 이미 오늘에 활짝 피었고 탐스럽게 맺은 것 이것이 내가 길 끝에서 맛볼 복숭아 무늬 따지지 않고 지금 여기 실한 나무로 올곧게 서서 복사꽃 향기로운 길 걷고, 걷고자 하는 것이다

접목

순하고 살갑고 부지런한 병희 삼촌이
이처럼 노기등등한 것을 나는 처음 본다
삼촌은, FTA 체결은
농업과 농민의 죽음을 확인 사살한 M16이고
식량주권의 목 난도질한 대검이라고 씩씩대며
벼농사 포기를 강요당한 논에서 접붙인다
한쪽은 짧게, 또 한쪽은 길게 깎은
비릿한 수액이 축축이 흐르는
보드라운 고욤나무 대목에,
좌우에 실한 눈 퉁방울같이 불거진
빳빳한 감나무 접수를 삽입하고는
수입쌀 같은 이물질이 엿보지 못하도록
질긴 무명천으로 단단히 동여맨다
들쥐 잡아 목 조이는 누룩뱀처럼
공도동망 농정과 분노의 숨통 꽁꽁 휘감친다
삼촌의 불끈불끈한 팔뚝과 팽팽한 엉덩이에
탐스런 단감이 금방 주렁주렁 열릴 것만 같다
안에서 영그는 이 실낱 같은 희망의 果實이
밖에서 몰아친 저 태풍만 한 절망의 過失로
결국 낙과하지 않길 기원하는
간절한 봄날이다

| 해설 |

감수성, 장소, 이야기

이문재(시인 · 경희사이버대 교수)

과거가 앞에 있다? 그렇다. 과거는 앞에 있는 것이라고 생각하는 사람들이 있다. 대부분의 문화에서 과거는 뒤에 있고, 미래는 앞에 있다. 그런데 시간을 '신체화한 은유' 라고 규정하는 인지언어학의 보고에 따르면, 안데스 산맥 오지의 칠레 원주민들은 과거가 자기 앞에 있다고 믿는다. '내가 행한 일의 결과를 내 앞에서 볼 수 있다' 는 경험에 바탕을 둔 시간관이다. 그들이 사용하는 아이마라어에서 과거는 '눈 앞' 이고 미래는 '등 뒤' 다. 그들은 '미래의 어느 날' 을 '등 뒤의 어느 날' 이라고 표현한다.

한반도 남쪽에서 산업문명의 '절정' 을 통과하고 있는 한국인의 삶을 아이마라어로 번역한다면 다음과 같은, 이상한 문장이 될 것이다. 한국인들은 '눈 앞'의 과거에는 전혀 신경을 쓰지 않는다. 관심도 없다. 그들은 자기 '등 뒤'의 미래에만 광적으로 집착한다. 그들에게-집단적으로나 개인적으로나 과거(눈앞)는 무의미하거나 심지어 나쁜 것이다. 그리하여 그들은 오직 미래(등 뒤)를 살고 있다. 그들은 성공이나 행복이 '등 뒤'에 있다고 믿는다. 현재는 미래를 위해 투자할 때에만 가치가 있다고 여긴다. 한국인들은 '눈 뜬 장님'이다. 그들은 눈앞에 빤히 보이는 과거를 보지 못한다. 한국인들은 '등 뒤'에 중독되어 있다.

가까운 '눈 앞'을 살펴보면, 우리에게 미래는 갑자기 나타난 괴물이었다. 그 괴물은 칼과 빵을 들고 있었다. 한 손에는 반공이데올로기라는 서슬이 퍼런 칼을 들고, 다른 한 손에는 근대화라는 먹음직스런 빵을 쥐고 있었다. 반공을 위해 근대화를 밀어붙여야 했고, 또 근대화를 위해 반공이 절실했다. 미래는 칼과 빵 사이로 난 길이었으니, 미래는 다양하거나 복합적이지 않았다. 지난 반세기 동안, 아니, 지금도 우리의 미래는 단순명쾌하다. 개발과 성장을 통해 (한반도 북쪽을 제압하고) 우리끼리 잘 먹고 잘 사는 것이다. 물질적 풍요와 육체적 건강, 즉 배타적 소유와 생물학적 장수長壽가 삶의 목표다.

김정원 시집 『거룩한 바보』는 미래에 들려 있는 한국사회를 비판하고 성찰하는 데 큰 비중을 두고 있다. 시집의 관점-'거룩한 바보'의 시각에 따르면, 우리가 바라마지 않는 풍요와 건강은 물거품에 불과하다. 문제는 이 물거품이 실제 물거품과 전혀 같지 않다는 데 있다. 물거품은 스러지는 순간, 물로 돌아간다. 물거품은 원래 물이었다. 물거품은 그 누구에게도 피해를 주지 않는다. 하지만 개발과 성장 지상주의가 빚어내는 물거품은 가공할 폐해를 낳는다—그 결과를 우리는 '눈앞에서' 목격하고 있다. 물거품은 물과 공기의 운동에 의해 만들어졌다가, 다시 물로 돌아간다. 엄연한 순환의 질서에 편입되어 있다. 그러나 풍요와 건강, 쾌락과 편의를 추구하는 개발과 성장 이데올로기는 태양계가 생겨난 이래 153억 년 이상 유지되어 온 순환 시스템을 파괴한다. 산업문명을 이성과 과학기술주의의 위대한 성취라고 예찬하는 현대인의 초상은 그로테스크하기 그지없다. 현대인은 자기 몸(지구)을 뜯어먹으면서도 행복해한다. 온몸에서 피가 철철 흐르는데도, 입가에 피가 잔뜩 묻어 있는데도, 자기 몸이 병들어 있는데도 웃고 있는 것이다.

한강, 금강, 영산강, 낙동강은
사람이 가장 무섭다

(…)

지리산 댐 건설에 온몸으로 저항하며
남원 실상사에서 청와대까지
사백여 킬로미터 얼어붙은 길을 열흘 동안 걸어온
열네 살 소년이 한 말에
나는 쥐구멍에라도 숨고 싶다

“자연아, 개발이라는 이름으로 자꾸 상처 입혀 미안하다.”

—「물막이 공사」 부분

2010년 봄, 한반도 남쪽의 4대강이 무지막지한 속도로 파헤쳐지고 있다. 이른바 '4대강 살리기' 사업은 인간의 무지와 오만의 극치다. 자연에 대한 무자비한 폭력의 절정이다. 국가·정권에 의해 추진되고 있는 이 사업의 야만성의 본질은 생태계 파괴에만 있는 것은 아니다. 생태계 파괴 이전에 '언어 파괴'가 있었다. 지시어가 지시대상을 찾지 못할 때, 기표가 기의와 어긋날 때, 언어는 더 이상 언어가 아니다. 멀리 갈 것도 없다. 현 정권이 '녹색 성장'이란 용어를 발명하고, 이를 남용할 때, 우리는 절망했다. 아니, 더 근본적으로 절망해야 했다. 녹색 성장이란 한마디로 '동그란 네모'다. 녹색 성장이 가능하다고 주장하는 것은 욕심을 많이 부려야 마음을 비울 수 있다, 혹은 밥을 하루에 열 끼 이상 먹어야 살이 빠진다는 해괴한 논리와 다를 바 없다. 그런데도 녹색 성장이란 말이 버젓이 통용되고 있다. 우리 사회가 살아 있다면, 녹색 성장이란 용어는 미래 판타지 소설에서나—그것도 정교한 이론적 뒷받침을 통해서나 가능했을 것이다.

문학과 예술, 언론과 대학, 종교와 시민사회가 깨어 있었다면, 그리하여 녹색 성장이 '새빨간 거짓말'이라는 사실을 지적하고, 이를 여론화할 수 있었다면, 적어도 '4대강 살리기'라는 낯 뜨거운 용어는 들이밀지 못했을 것이다. 위 시에서처럼 4대강 '물막이 공사'라고 했다면, 우리에게는 약간의 희망이 남아 있었던 것이다. 언어가 죽으면 인간이 죽는다. 인간이 병들면 언어가 병든다. 녹색 성장, 4대강 살리기와 같은 언어가 활보하는 한, 우리는 결코 건강하다고 말해서는 안 된다. 저와 같은 '불온한 표현' · '불순한 세력' 들이 우리의 '생명 안보(주권)'을 호시탐탐 노리고 있는 것이다.

위 시를 빼어난 시라고 말하기는 어렵다. 하지만 시를 이미지의 조직, 즉 미학적 기준으로만 판단하는 것은 반시적反詩的이다. 시에서 이미지는 목적이라기보다는 수단이다. 시를 시이게 하는 것은 이미지가 운반하는 메시지다. 한국 현대시는 지나치게 이미지 선호증에 빠져 있다. 이 이미지 과잉이 시를 대중으로부터 멀어지게 한 주요 원인이다. 위 시는 한겨울에 남원 실상사에서 서울 청와대까지 걸어간 열네 살 소년의 입을 빌려 인간중심주의를 반성하고 있다. 이 시에서 자연에게 사과하는 열네 살 소년과, 소년의 말을 듣고 "쥐구멍에라도 숨고 싶"어하는 '나' 와의 관계는 시집 전체를 관통하는 중요한 구조를 이룬다. 시집의 화자는 대안학교에서 청소년을 가르치는 현직 교사이기도 한데, 화자는 어린 시절 부모로부터 물려받은 농경공동체 사회의 지혜를 복원하기 위해 무진 애를 쓴다. 화자는 화자의 부모 세대와 화자 자신의 제자(자녀) 세대 사이에서 고통스러워한다. 화자에서 과거와 미래가 단절되고 있는 것이다. 1950~60년대에 태어난 전후 중년 세대가 공통적으로 겪고 있는 현상이기도 하지만, 이 단절은 심각하다. 부모 · 나 · 자녀, 이 삼대 사이에서 발생하고 있는 단절은 광범위하다.

다시 위 시로 돌아가 보자. 우리 부모 세대, 즉 개발 독재 이전 시기까지만 해도 강은 인간을 두려워하지 않았다. 그렇기는 커녕, 인간이 강을 두려워했다. 산업문명 이전의 인간에게 자연은 외경의 대상이었다. 자연을 섬기며 자연과 더불어 살았다. 근대 이전의 토착문화는 동서양을 막론하고 인간을 우주의 피조물로 이해했다. 인간은 만물의 영장이 아니었다. 인간의 위치는 그리 높지 않았다. 김정원의 시는 지금 여기 살아가는 우리를 "유례없는 생태죽임의 첫 세대"라고 정의한다. 서구 근대가 유입된 지 불과 1세기 만에 우리는 4대강을 죽이고 있는 것이다. 시인은 「코스모스」에서 자동차가 지나갈 때마다 "허리 휘게 까무러치는" 코스모스에게 감정을 이입한다. 급기야 코스모스가 인간에게 전하는 말을 듣는다. "우리가 사라지면 너희가 존재할까?" 그러면서 "공존공생의 길, 그 가난하고 불편한 길 한가운데로 스스로 걷는 거룩한 바보"를 기다린다. 거룩한 바보가 "인류가 바라보고 가야 할 오래된 미래의 별이고 꽃"이라는 것이다. 거룩한 바보의 이미지는 시집의 맨 앞에 실린 「연」에 제시되어 있다.

수렁 속에서도 혼신으로
별을 바라보는 자, 밤 건너
꽃을 피운다

—「연」 전문

거룩한 바보는 자발적 바보다. 가난이 그렇듯이, 자발적으로 선택하지 않은 가치나 삶의 방식은 노예에게 가해지는 일방적 억압과 다를 바 없다. 산업문명이 제공하는 풍요와 편의에 길들여진 도시적 삶이 전형적인 노예적 삶이다. 임금 노동을 통해 밥을 해결하는 대부분의 도시인들은 자율적이지 않다. '나'와 노동이 분리되어 있으므로, 노동을 통해 자아를 발견하기가 어렵다. 노동 속에 자기가 없으므로, 노동을 통해 창의성을 발휘할 수가 없다. 노동 속에 '나'가 없으므로, 일터에서 '우리'가 형성될 리 만무하다. 도시적 삶은 인류가 땅에 뿌리박은 공동체적 삶을 통해 유지해온 경험적(신체적) 지혜를 박탈당했다. 자율, 자치, 자급, 자존, 자긍의 문화를 상실했다. 이것이 주류사회-산업자본주의 문명에서 살아가는 현대인의 실체이자 실상이다. 거룩한 바보는 자발적으로 산업문명을 등진 사람이다. 수렁에 빠져서도 혼신의 힘을 다해 "별"을 바라보는 사람이다. 진흙 속에서 연꽃이 피어나는 것은, 그 연蓮이 밤새도록 별을 바라보았기 때문이다. 진창에 뿌리내린 연이 어둠 속에서 바라보며 피워낸 꽃이 '오래된 미래'일 것이다.

나는 오늘날 권력과 부와 상상력과 지성과 '문화'의 생활을 조직하고 독점하려는 기관들에서 내가 보아왔고 관찰할 수 있는 것과는 전혀 다른 세계가 있다는 것을 발견한다. 이 주요 기관들 속에서 나는 세 종류의 분리 혹은 고립을 만들어내고 그것을 유지하려는 수미일관한 노력이 경주되고 있는 것을 본다. 즉, 사람을 그 육체와 장소와 시詩로부터 떼어놓고자 하는 노력말이다. 이 세 종류의 분리야말로 '현대적 혼란'이라고 부를 수 있는 것에 결정적인 공헌을 한다고 나는 믿는다(리 호이나키, 김종철 옮김, 『正義의 길로 비틀거리며 가다』, 녹색평론사, 2007, 132쪽).

명예와 신분이 보장된 대학 교수직을 버리고 미국 남부의 시골마을로 들어가, 오래된 땅에서 감수성을 회복하고, 공동체가 전승해온 이야기(시)를 통해 자율적 삶을 영위한 리 호이나키 Lee Hoinacki야말로 '거룩한 바보'의 한 모범이다. 김정원 시집은 호이나키의 새로운 삶의 방식에 따라 읽을 때, 그 의미가 선명해진다. 먼저 국가와 자본, 부와 지성이 연합전선을 형성해 말살하고자 하는 육체적 감각(감수성)을 살펴보자. 도시적 삶은 온전한 몸을 요구하지 않는다. 도시적 삶은 오직 시각(눈)만을 요구한다. 도시에서 산다는 것은 시각 패권주의가 지배하는 세계에서 산다는 것이다. 도시는 다섯 가지 감각이 조화와 균형을 이루는 '몸으로서의 인간'을 선호하지 않는다. 도시는 오직 시각만을 사용하는 소비자를 요구한다. 소비적 주체에게 청각이나 미각, 후각, 촉각은 시각에 비해 그렇게 중요하지 않다. 모든 상품은 소비자의 "눈에 들어야" 한다. 소비자의 눈에 들기 위해 수단과 방법을 가리지 않는다. 새로운 디자인과 광고는 전적으로 소비자의 눈을 겨냥한다.

도시적 삶은 '눈만 있는 인간'을 주조해낸다. '두 눈 인간'에게 자연은 존재하지 않는다. 듣고, 냄새 맡고, 맛보고, 어루만지는 기능이 필요하지 않기 때문이다. 눈만 살아 있는–그래서 늘 충혈 되어 있는 도시인들에게 다음과 같은 구절은 얼마나 생경할 것인가. “오진 햇감자가 방금 목욕한 처녀 알몸같이 뽀얗고 요염하다”(「하지 무렵」), “지구 살갗에 연둣빛 거웃이 빼곡히 돋아날수록”(「곡우」), “솔차니 서먹서먹한 고부가 마주한 밥상에는 고춧가루 듬뿍 넣어 버무린 솔잎만이 잔뜩 쌓여 있고 정작 솔지는 눈 씻고 찾아봐도 없었는디, 으째야쓰까 으째야쓰까”(「솔지」), “땀 한 방울까지 아낌없이 내어준 마른 오징어 같은 어머니 가슴에는 아이들이 빨아대고 남은 젖꼭지”(「겨울 논」).

인용한 시구들은 저마다 다양한 감각에 호소하고 있다. 하지만 “오진 햇감자”를 직접 캐보지 않은 도시인들에게 「곡우」의 “처녀 알몸”은 구체적으로 다가오지 않을 것이다. 모유를 먹어보지 않은 도시 아이들에게 “마른 오징어”와 늙은 할머니의 가슴을 연결한다는 것은 거의 불가능할 것이다. 도시인들의 감수성은 이처럼 실재하는 인간 · 자연과 멀어져 있다. 이것이 단절이다. 감수성은 타자와 교감하는 가장 확실하고 다양하며 섬세한 채널이다. 감수성은 타자뿐 아니라 우주와 자연을 받아들이는 가장 일반적인 능력이다. 도시적 삶에 길들여져 감수성이 왜곡되거나 퇴화된 현대인들에게 다음과 같은 시(이야기)가 어떻게 받아들여질지 궁금하다.

> 우리 마을에 구제역이 돌았다
>
> 군청 직원들이 절뚝거리는 소들을 동구 밖에서 트럭에 싣고 있었다, 몰강스럽게 매몰 처분하여
>
> 다른 지역으로 전염하는 것을 미리 막기 위해서였다

차에 오르지 않으려고 안간힘으로 버티는

소의 고삐, 마구 잡아당기고 엉덩이 드세게 떠밀어대는 군청 직원들에게 용택이 아재가 간청했다

"하루만 말미를 달랑께요."

군청 직원들이 왜 그러냐고 따져 묻자

소의 눈물 속에 얼비친 글썽이는 목소리가 대답했다

"우리 소는 잘 멕이지도 못하고 맨날 부려먹기만 해서 부지깽이맹키로 삐쩍 말랐지라우. 단 하루라도 펀히 배불리 멕이고 싶어서 그란당께요. 엊그제 난 저 송아치는, 또, 무신 죄가 있다고……."

이드거니 눈시울 붉어진

군청 직원들이 짐짓 직무를 유기했다

—「긍휼」 전문

구제역이 돌자, 공무원들이 들이닥친다. 공무원들은 가축을 트럭에 싣고 가 '살처분' 을 하려 한다. 이때 "용택이 아재" 가 군청 직원들에게 간청을 한다. 제대로 먹이지도 못하고 평생 일만 시킨 소가 미안해서 하루만이라도 배불리 먹이겠다는 용택이 아재의 마음씨는, 경제 논리와 과학 · 건강 지식으로 무장한 도시인들은 쉽게 이해할 수 없는 '촌스런 생각' 일 것이다. 도시인들에게 구제역에 걸린 소는 쳐다보지도 말아야 할 '불량식품' · '나쁜 상품' 이지만, 소와 함께 땅을 일구며 삶을 영위해온 농부에게 그 소는 병을 앓고 있는 가족과 다를 바 없다. 그렇다고 용택이 아재가 특별히 선한 사람은 아니다. 소를 긍

훌히 여기는 용택이 아재의 마음씨는 전통 농경공동체 사회 구성원이라면 누구나 공유하고 있던 타자에 대한 태도였다. 하지만 도시인의 입장에서 보면 용택이 아재는 '바보'다. 바보. 그렇다. 시집의 화자는 용택이 아재에 이어, 평생 농투성이였던 부모를 통해 '거룩한 바보'의 이야기를 되살리고자 안간힘을 다한다.

옛날 옛날
아주 먼 옛날
오늘같이 가난한 날
살아계실 제
어머니가 하신대로
나도 따라한다

어린 아들과 마당 한구석의 눈 치운 뒤
반달이 안에서 찾아낸
무명 손수건 펼치고 그 위에
조와 보리쌀 세 주먹 흩뿌려 놓고
큰방에 들어가 장지문 구멍으로 밖을
숨죽여 내다본다

(…)

나는 어버이 마음으로

저 작은 귀염둥이들에게 화답한다
춥고 눈 내리는 날이면,
서럽고 배고픈 날이면 언제든지
"서슴없이 찾아오세요."
"네 집처럼 드나드세요."

—「대설 경보」 부분

어머니, 아버지의 삶까지는 땅의 지혜가 엄연했다. 그 부모로부터 삶의 기술을 전수받은 아들은 이제 아버지가 되어 있다. 젊은 아버지는 폭설이 내리자, 먹이를 구하지 못하는 새들을 염려한다. 여기서 중요한 것은 어머니를 떠올리며 과거로 돌아가는 것이 아니다. 화자는 어머니가 하던 방식을 어린 아들에게 보여준다. 어머니의 시간을 어린 아들의 시간, 미래와 연결시키려는 의도가 강한 것이다. 우리가 앞에서 읽은 「물막이 공사」의 열네 살 소년이 「대설 경보」의 어린 아들과 겹쳐진다. 시의 화자는 특히 어머니의 유산을 애틋해한다. 동네 아이와 싸웠을 때, 어머니는 밖에서는 호통을 쳤지만, 사립문 안으로 들어서자마자 아들을 꼭 껴안아주던 지혜로운 어머니였다(「지혜」). 어머니가 돌아가시기 전 담가놓은 조선간장을 동료들과 나눠먹으며 화자는 어머니가 엄연히 살아 있음을 느낀다(「마지막 선물」). 화자의 아버지 역시 이 땅의 정직한 농부였다. "먹물을 만져본 적도 없고/들여다 본 적도 없는 천연기념물"이었지만 "제 정직한 땀으로만 얻은/한 끼 밥을 오로지 섬기고 나누다/혹여 땅에 무거운 짐이 될까 메마른 몸으로/이름 없이, 흔적 없이, 가뿐히" 떠났다.

화자의 감수성이 살아 있는 까닭은 부모와 함께 땅에 뿌리박은 삶의 문화를 경험했기 때문이다. 호이나키가 지적했듯이 산업자본주의 문명의 세례를 받지 않은 땅의 문화는 열린 감수성과 오래된 장소 그리고 공유하는 이야기(시)를 통해 과거와 현재, 미래가 균형을 이루고 있었다. 도시적 삶이 불안과 초조, 욕망과 불만족으로 뒤엉켜 있는 이유 중 하나는 도시인들에게 오래된 장소가 허락되지 않기 때문이다. 옛집, 마을, 뒷동산, 앞 강물과 같은 오래된 장소는 인간이 인간답게 살아가는 데 있어 필수적이다. 오래된 집, 오래된 마을에서 이웃들과 더불어 살 때 감수성은 제 기능을 발휘한다. 감수성이 열려 있어야 타자와 함께 하는 공동체가 가능하다. 그리고 공동체를 결속시키고, 그 문화를 후대와 연결시키는 가장 중요한 매개가 이야기(시)다. 그러니까 감수성, 장소, 이야기는 셋이 어우러져야지, 그 중 어느 하나만으로는 큰 의미가 없다. 장소가 없는 감수성-도시적 삶은 욕망에 휩쓸리기 쉽다. 오래된 이야기가 없는 장소-신도시나 테마파크는 현란한 소비 공간일 따름이다. 감수성이 없는 사람-감정이입이나 의인화를 못하는 사람은 타자를 상상하는 능력이 결핍된 사람이다. 다음과 같은 시는 열린 감수성, 오래된 장소, 구비 전승이 없었다면 지금 여기 우리에게 도달하지 못했을 것이다.

부나비가 가엾어 등불을 켜지 않고
쥐를 위해 언제나 음식을 남겨 둔다

나뭇가지 위 잠든 멧새에게 총을 겨누지 않고

얼음 밑 물고기에게 낚싯대를 드리우지 않는다

—「仁」 부분

사실 이번 시집에 등장하는 화자는 여럿이다. 뭇 생명의 위기를 직시하며 새로운 삶의 방식을 모색하는 '거룩한 바보' 이외에도 교육 현장에서 참교육을 고민하는 교사도 시집에서 중요한 목소리를 내고 있다. '영혼 없는 사회의 교사' 로서 자책과 반성을 거듭하면서도, 배려와 존중의 마음씨를 잃지 않고 쑥쑥 자라나는 청소년들에게서 희망을 읽어내기도 한다(「조례」). 분노하는 농민의 육성도 들을 수 있다. 「접목」에서 "병희 삼촌"은 자유무역협정(FTA)이 "농업과 농민의 죽음을 확인 사살한 M16"이라고 울부짖는다. 「껌」에서는 '고용 없는 성장' 이 얼마나 반인간적인지를 따져 묻는다.

결국 김정원 시집 『거룩한 바보』가 지향하는 세계는 「숲」으로 비유되는, 가난하지만 평등한 세계, '순환하는 질서' 가 활발한 세계다. "큰 나무는 작은 나무 업신여기지 않고/작은 나무는 큰 나무 부러워하지 않으며/스스로 제자리에 서서 생긴 대로 사는" 그 세계로 가는 지름길, 아니 거의 유일한 비상구는 자발적으로 바보가 되는 것이다. 자발적으로 바보의 삶을 살기 위해 반드시 필요한 것이 '관계의 재설정' 이다. 그런데 우리가 앞에서 살펴보았듯이, 새로운 관계는 이미 우리 부모들이 온몸으로 살았던 삶 속에 고스란히 남아 있다. 그것이 인간과 자연 사이의 오래된 관계 · 지혜이다. 김정원 시인은 그 오래된 관계 · 지혜를 어머니와 농부들에게서 되살리고, 또 그것을 자녀(제자) 세대에게 전해주면서, 진창 속에서 꽃을 피워내는 연의 자세로 새로운 세상을 꿈꾼다. 하지만 「그런 선생님」, 「그물」 등의 몇몇 대목은 주장과 관념이 날것으로 드러난다. 인간과 뭇 생명의 위기 앞에서 절망과 분노를 주체하기 힘들어서 그럴 것이다.

둘러보면, 세상은 바보들로 가득 차 있다. 도시적 삶을 거부하지 못한 채, 임금 노예로 살아가는 바보들은 불쌍한 바보들이다. '눈 앞' 의 참혹한 현실을 바로 보지 못하고 물질적 풍요와 편의만을 추구하는 '눈 먼 바보' 들도 수두룩하다. 진짜 바보는 지구의 자원이 무한하다고 생각하는 개발과 성장 지상주의자들이다. 또 다른 진짜 바보는 우리가 안고 있는 문제를 과학기술이 다 해결해 줄 것이라고 믿는 사람들이다.

이 바보들에게 진정한 삶의 방식을 제시하는 바보가 자발적 바보고 거룩한 바보다. 깨어 있는 정신으로 우리 주위를 돌아보면, 극소수이긴 하지만, 자발적 바보들을 찾을 수 있다. 시인과 농부들 가운데 자발적 바보가 있다. 그가 진정한 시인이라면 그 시인은 자발적 바보다. 그가 진정한 농부라면 그 농부는 자발적 바보다. 저 자발적 바보들 중에서 거룩한 바보가 나올 것이다. 그래서 김정원 시인의 이번 시집을 거룩한 바보들에게 바치는 헌시라고 불러도 좋을 것이다.